Ahmad Herrar

L'école du bien-être

Ahmad Herrar

L'école du bien-être

Éditions Muse

Imprint

Cover image: www.ingimage.com

Publisher:
Éditions Muse
is a trademark of
Dodo Books Indian Ocean Ltd., member of the OmniScriptum S.R.L Publishing group
str. A.Russo 15, of. 61, Chisinau-2068, Republic of Moldova Europe
Printed at: see last page
ISBN: 978-620-3-86687-2

L'école du bien-être

"Produire ou s' épanouir; il faut choisir! " (Idriss aberkane dans liberez votre cerveau).

Dans une société moderne caractérisée par la quête de la performance à outrance ,la bonne gouvernance devient le maître mot de l'art de la manipulation manageriale, tant politique qu'entrepreneurial.

Le bonheur des uns (minorité aux commandes) fait le malheur des autres (Les déportés du monde du bien être).

L'école n'est pas en reste:elle s' inscrit d'emblée dans le giron des titans qui détiennent la manette du jeu de société pour de vrai.

L'école s' inscrit dans la logique des choses: une logique trop politique pour être bénéfique à l'intéressé. L'élève d'abord, puis l'étudiant ensuite, ne peuvent que constituer des sujets du "Lord capital".L'ecole fabrique la main d'oeuvre que lui commande l'industrie du profit.

Est ce que l'école evolue? Sans aucun doute oui.

Néanmoins, quand elle n'a pas régressé dans certaines régions du globe et dans des secteurs donnés, son évolution s' est faite dans un rythme d'escargot.

L'ergonomie mise à disposition du principal acteur(l'apprenant) a dégringolé.

Les GAFAM (Google , Amazon , facebook, Apple et Microsoft) sont quasiment les seuls à proposer des plate-formes éducatives attrayantes.Ils devancent les Etats du monde et rafflent la mise.

Le premier gouvernement à avoir la veille technologique dans le domaine de l'enseignement est le Singapour .Leader mondial à offrir une palette de choix digne d'une "gastronomie mentale".

Les expert de la neurosagesse , de l'intelligence artificielle, de l'economie digitale ont compris suffisamment tôt que la nature est maîtresse d'apprentissage et que toutes les créatures qui la peuplent apprennenten jouant et en se mettant dans des postures ergonomiques favorables au mode d'apprentissage souhaité.

Nous apprenons par amour ou par peur: les animaux ,d'instinct, rendent les choses évidentes quand l'homme les complique. Un prédateur est le meilleur mentor pour un futur prédateur. Une proie potentielle dans le monde de la jungle axera ses jeux avec sa progéniture sur les tehniques de feintes et de camouflage.

L'epanouissement:vecteur d'apprentissage.

Jouer, jouer et jouer...

Un enfant joue quand il joue, joue quand il mange, joue quand il dort et joue quand il "bosse".

Un adulte ne joue que quand il joue et il est rare qu'il joue.

Le jeu a souvent été associé ,à tord ou à raison,à une perte de temps.

Le jeu permet de se donner un peu de répit. C'est de la récréation. "Ce temps de liberté accordé aux élèves pour qu'ils puissent se déclasser "(Le Robert) est une pause.Se divertir est donc tout sauf du sérieux. Étudier,c'est sérieux et ce n'est donc pas,en ce sens, un moments détente et de joie.

Notre école, telle qu'elle est pensée, interdit à l'élève des postures jugées "décalées "et à fortiori nuisibles.

Notre école ne pouvait être choisie. Nous y allons parce qu'il le faut.Nos parents y sont allés, dumoins pour la majorité, astreints en cela par nos grands-parents. Ceux-ci n'avaient, pour la majorité , fait les bancs de l'école que par coercition. L'ecole obligatoire pour tous devient obligatoire pour les parents qui deviennent comptables de la scolarité de leur progéniture.

Le choix de l'établissement, de la spécialité, des programmes et des professeurs se fait en l'absence du principal intéressé :l'élève.

Quand nous allons dans un restaurant que nous avons choisi, nous décidons nous-mêmes de notre plat.Le serveur prend note et nous explique ,si nous le souhaitons, la teneur et les composants. Il nous arrive souvent de relever les ingrédients.

Oser dire ses préférences de lecture ou sa manière de "manger" l'information et encore moins la connaissance à son professeur n'est pas sans conséquence sur la conduite de l'élève. Nous avons tous plus ou moins fait les frais d'une mauvaise aventure en osant critiquer même substantiellement un prof.

Paradoxalement, essayez de retirer un jouet subitement à votre enfant et jugez vous-même de l'acuité de ses petites incisives.

Le jouet a plus de valeur pour l'enfant que les calories que sa maman voudrait qu'il absorbe pour bien grandir.

Nos mentors ,véritables, ne sont autres que celles et ceux qui ont forgé notre personnalité, construit notre santé mentale, bâti notre immunité psychologique et éveillé notre principal permis de vie: la curiosité.

Notre système éducatif orthodoxe est anachronique: ceux qui le pensent puisent dans la sacrosainte apologie de la médiocrité insultant l'esprit humain.

Le monde des affaires et les lois du marché ont devancé à des années lumière, par la créativité et l'innovation, les precepts pédagogiques moyennageneux.

Nous ne sommes plus au dix-neuvieme siècle où l'école devait produire des facteurs de production pour équiper les ateliers de manufacturiers. La révolution technologique du vingt -et-unième siècle (l'intelligence artificielle et le digital...) n'est pas produite dans les prestigieuses universités mais bel et bien dans les startups de la Silicone valley (GAFAM ...).

Un homme épanoui crée, par passion, de la richesse.Une femme amoureuse fait d'un panier de légumes un chef d'oeuvre , d'un bouquet de fleurs un jardin, d'un appartement un palais.

Wow!

Une expression où la personne qui l'enonce est bluffée par la splendeur de l'oeuvre d'une touche artistique de celui qui expose son livrable.

Un dîner en tête à tête en célébration d'une relation où le partenaire s' est surpassé en créant un espace féérique au milieu du foyer conjugale ou dans un coin du jardin des plus ordinaires, donne un autre goût à la vie de couple qui s'est essoufflée par les besoins du quotidien.

la meilleure des convictions, c'est de se rendre à l'évidence.

L'humain que nous sommes nous colle à la peau la faiblesse de chercher le bonheur, le bien être, et le plaisir.

Une quête du toujours plus mais jamais assez du maximum de plaisir, de quiétude etde de plénitude.

L'économie et ceux qui la font l'ont vite compris et les experts de la vente et du marketing ont attaqué le taureau par les cornes: l'hédonisme est source de désirs et ceux-ci ne sont jamais finis. Obtenir le maximum de plaisir avec le minimum d'effort est l'eldorado objet de convoitise que les mercantilistes des temps modernes ont investi dés l'aube.

La réponse aux attentes du consommateur du 21eme siècle est instantanée et les entreprises se sont ruées vers ce créneau aidées en cela par les etudes de satisfaction instantanées qu'offrent les cabinets et les agences de communication qui ont fleuri comme des champignons.

Intéressée, la gestion dans le secteur privée innove dans ses prévisions.

Il est un fait avéré que les entreprises qui dictent la loi du marché sont dotées d'une veille strategique dont les budgets avoisinent les 30% de leurs fonds.

Innovation et études de marché s' y taillent la part du lion.Cela leur permet de cultiver leur clientele,d'anticiper ses besoins, voire d'en créer.

Nous sommes,sans le vouloir ou sans s' en apercevoir, les créatifs des bien futurs que nous consommerons.

Nous cultivons cet esprit critique à l'égart des strategies commerciales dévastatrices des firmes internationales mais sommes incapables de boycotter leurs produits.

Je renvoie qui le souhaite au micro de Google (qui d'ailleurs n'a pas besoin de ma publicité) pour dicter deux mots: marketing sensoriel.

La reconnaissance vocale ,fille de l'intelligence artificielle, le servira et de bonne maniere avec le minimum d'effort.

Tous les dictionnaires, les encyclopédies, le oeuvres, les supports audio et vidéo, les chaînes,les blogs, et qu'en sais-je encore, s' affichent pour vous servir.

Des liens hypertextes sont insérés pour vous transporter dans une autoroute d'informaions bien personnalisée.

Une ergonomie bien fournie vous berce au long de votre voyage instructif et divertissant.

Cerise sur le gâteau ,une musique des plus apaisantes ou une voix oratrice qui présente le choix du genre et de l'l'âge (masculine ou féminine, adulte ou jeune...)

Cette offre personnalisée de définitions à fleur de peau et à volonté est ce qui manque à notre école.

Quand nous jouions, pendant l'enfance, nous ne faisions pas que jouer . Nous nous construisions!

De mémoire, j'ai joué à l'épicier, au jardinier, à l'instituteur, au chef de famille, au shérif, au chef de tribus des indiens, au cow-boy, au pilote...

J'ai réparé les voiturettes des clients de mon âge, joué à déjouer les stratagèmes de l'armée de l'ennemi. J'ai essayé de marcher sur l'eau pour deux à trois pas avant de sombrer en copiant sur les illusionnistes de l' époque.

J'en ai oublié certainement d'autres, mais ce qui est sûr c'est que vous en avez joué de bien plus amusants.

Cette école du jeu à l'infini n'est -elle pas une source inépuisable de ce que nous sommes devenus plus tard?

Ne sommes-nous pas faits, quelques part, de ce que nous jouions?

Nos parcours d'écoliers ,ne seraient -ils pas pour une grande part façonnés par les moments de déclassement (récréation) où liberté et jeu renforçaient notre aptitude à la socialisation et au partage de la connaissance?

Tout compte fait, si je suis devenu pilote plus tard, est ce c'est grâce uniquement à mes études ou plutôt à la passion que j'ai manifestée durant mes jeux à ce métier de prédilection? Ou etait-ce grâce à ces spots publicitaires où le sourire et la gaieté de l'acteur faisant la une de "Paris match " ou de "nous deux" en vogue à l'epoque, fustigeait ma memoire de doux reveur ?

Ce qui est sûr c'est que tous ces ingrédients ont mijoté dans la marmite de ce que je suis devenu.

La vie réelle est plus "école" que la vie notée. Elle est plus vaste et plus instructive. Même quand les choses vont mal, elles sont utiles. Aux bancs de l'école, Quand le malaise arrive, c'est généralement l'apprentissage qui s' en trouve affecté. Nous sommes sous pression et le coeur n'y est plus. L'envie est à son plus bas niveau et la motivation s' en trouve remise aux calendes grecques.

La mesure incitative est une arme à double tranchant:

- Une mesure peut être incitative négative (MIN), auquel cas elle constitue un frein car elle empêche d'agir par envie : Quand un professeur exerce son autorité en forçant un élève à réciter une leçon sous réserve d'écolier d'une punition, celui-ci peut réussir l'exercice de survie mais pas d'accomplissement .Sous contrainte, il se débat pour sortir des mailles du filet. Le rescapé survivra mais la douleur restera . C'est comme si un poisson casse la ligne en emportant l'hameçon . Seul Dieu sait si l'hameçon s' est décroché avec le temps où s' il s' est encastré dans la bouche du poisson.
- La mesure peut être incitative positive (MIP) et alors elle s' érige à un niveau souhaité et attendue par l'intéressé (l'apprenant).

Dans l'exercice de mon métier de base (formateur en techniques de management), j'ai pratiqué les deux mesures.

Je l'ai fait dans le respect, autant que faire se peut, de la personnalité et des attributs de l'interlocuteur.

Je n'ai, semble-t-il pas, été entièrement conformiste,mais les résultats probants et les retours tant à chaud que des année plus tard, confortent ma démarche.

Être conformiste n'est pas forcément toujours un choix; C'est certainement plus par obligation que l'homme s' aligne sur les règles et les lois.Mieux encore, la culture du "n'essaie même pas" que les forts infligent aux faibles pour les maintenir sous leur giron gouverne à jamais leur comportement de soumission.

"Si tu veux connaître ton véritable ami, enerve-le ", rappelle un adage des plus forts sur les relations humaines.

Je dirais, si cela m'est permis, que si tu veux connaître La pensée cachée d'un interlocuteur, bouscule-le!

Je suis reconnaissant au concours de circonstances qui m'a conduit vers l'exercice de mon métier. Durant plus de trente ans, mon quotidien est fait de contacts humains avec trois familles de partenaires:

- Les acteurs économiques qui font le marché,
- Les opérateurs de formation,
- Les jeunes, actifs ou En formation.

Ce triangle est une mine d'or pour qui veut comprendre et analyser de près les relations humaines dans leur intensité.

Fort de ce carrefour d'échanges et de "contrats implicites" dans chaque action, je pouvais intégrer Les zones interdites de chaque compartiment.

Comme dans "patron incognito ", l'immersion est réussie.

Lire dans la pensée des gens n'est pas une sorcellerie et encore moins de la magie noire. Un adage marocain dit dans ce qu'il est possible de traduire ainsi:" Tu peux avancer tout ce qui te passe par la tête, il suffit que tu rentres d'un pays lointain!".

On peut être,aux yeux des autres,un messager du futur. Il suffit de leur parler des choses de l'autre monde. Un monde si loin même en étant très proche d'eux tout simplement parceque vous y avez été dans leur absence ou pendant leur sommeil .

Ne vous est-il pas arrivé de découvrir un autre monde dans le même quartier que vous habitez depuis des années tout simplement parce que vous avez décidé de veiller la nuit et de marcher dans ces mêmes ruelles que vous pietiniez depuis longte?

En marketing individuel, chaque client est considéré comme unique et la pratique de vente et de négociation nous apprend qu'une offre personnalisée evitent à l'entreprisedes demarques inutiles et coûteuses.

Décider de la "version" à administrer (MIP ou MIN) est un travail d'investigations à la Holmes qui consiste detecter et caractériser les spécificités de chaque étudiant.

L'apprentissage ne peut etre de masse, il doit être dispensé dans une relation one To one où l'apprenant est considéré comme unique.

Nos parents sont nos meilleurs mentors. Ils calibrent leurs attitudes, comportements et mots selon notre personnalité, nos états et nos tempéraments.

Nos meilleurs profs, sont nos seconds mentors et parfois même devancent nos parents (cf. Désolé prof - mon livre en format papier et ebook).Cet essai s' est voulu un hommage aux professeurs méritants qui n'ont pas ménagé d'efforts pour nourrir nos sens et nos états avec abnégation et passion.

Ces hommes hors des temps modernes pour qui le métal et le mercantile ne sont pas l'objet de convoitise. Ces soldats de la connaissance que la société moderne à omis,dans sa cupidité, de considérer.

Le LBD ou l'APA: s' appuyer sur une mosaïque de sens.

Raquette de tennis à la main, le futur numéro un du Grandshlem, quadruple vainqueur de Roland Garros et de l'ATP joue pendant d'interminables heures sans balles.

L'IMG, académie de tennis située à Bradenton,en Floride est renommée pour sa pédagogie de formation des athlètes de haut niveau sur des programmes conçus par Nick Bollettieri.

Dans un registre des plus ordinaires, un enfant apprend à jongler avec un ballon de foot. Un premier essai et le ballon echappe à son contrôle. Une deuxième tentative permet à l'enfant de donner trois coups à la balle avant qu'un quatrième coup de pieds s' en va dans le vide.

Action- -réaction - généralisation.

Le LBD est l'apprentissage copié sur la vie réelle à la seule différence que l'apprenant a droit à un intervenant externe ayant la capacité d'interpréter l'expérience. Cet interprète expert est dit facilitateur. La relation est donc tripartite:

L'apprenant

l'E.S.A Le facilitateur .

L'apprenant n'est pas n'importe quel individu. C'est une personne en besoin d'apprentissage, désireuse d'atteindre son objectif et ayant réussi un test de prérequis.

Dans un programme initié par la banque mondiale à travers le monde au profit de facilitateurs dans l'acte entreprenarial, j'ai fait partie d'un contingent devant conduire un projet pilote d'accompagnement de futurs entrepreneurs.

La sélection était très sévère et hormis les aptitudes professionnelles,des caractéristiques psychologiques sont requises. La sélection sur dossier est le premier filtre qui donne le coup d'envoi à une batterie de tests .

L'équipe chargée de booster nos réflexe professionnels semblaient désintéressée pour la majorité de mes pairs habituée aux cours magistraux classiques et souvent à sens unique.

Beaucoup de jeux s' alternaient avec beaucoup de petits exercices structurés d'apprentissage (E.S.A).

Il fallait se débarrasser des axiomes de la pédagogie ayant gouverné nos cursus de formation classiques où c'est le professeur qui détenait le savoir et où l'élève est réduit à un simple récipion.

Cette zone de confort et de conformité a élu domicile dans ce cerceau meurtri par ce que l'on pourrait appeler " l'impuissance apprise" où l'action est jugulee par la souveraineté de l'inhibition et la procrastination.

Si je pouvais définir en quelques mots cette démarche, je dirais: "Fais et tu comprendras!"

Dans mes premiersdebuts de formateur, je disais à mes stagiaires la metaphore suivante: " On ne bronze pas sous le parasol! "

L'évidence de la visualisation faisait son aura et, transportés dans l'image figurée, ils acquiessaient de la tête et fonçaient droit dans l'exercice.

Il n'est pas sans signaler que de telles initiatives dictées par la vocation sont considérées comme des égarements par les instances de contrôles de procédures (le corps inspecoral).Ce qui donnaient lieu à des remontrances,réprimandes et parfois même des sanctions portant atteinte à la carrière des "brebis galeuses " pour leur non conformité ou alignement.

Il est des gestes qui sont meilleurs que les meilleures des phrases aussi concises soient-elles.

Lors d'une visite à la famille, à quelques centaines de kilomètres de mon lieu de travail, j'avais amené ma petite famille (jeune couple avec un enfant). Dans cette ville, joyaux bijoux perché à plus de mille six cents mètres d'altitude, le thermomètre affichait souvent des moins dix voire plus. Nos maisons à toitures dorées abritaient des cheminées (pour les nantis) et des poêles pour nous autres.

L'enfant avait à peine commencé à faire les premiers pas. Jamais de la vie, elle n'a vu un poêle en fonte. Il était au repos mais les cendres le tenaient tiède. J'ai pris le doigt de ma princesse d'amour et l'ai posé sur le tube d'évacuation.

Elle hurla de toutes ses forces, sanglota et m'en voulut un instant. Je la pris dans les bras ,lui explique ce qu'est le feu (il n'est pas que couleur) , la réconforte et la leçon fût ancrée à jamais.

Nous apprenons de nos échecs plus que de nos prouesses.L'erreur est plus conseillère que "zéro faute"

Notre cerveau est ainsi fait, nous apprend-t -on dans les neurosciences. Nos memoires, dans leur diversité et la complexité des fonctions de chacune, retiennent plus nos experiences malheureuses que nos victoires.

"On ne peut se faire mordre par un serpent deux foix dans un même trou", énonce un adage arabe.

Si tous les essais étaient réussis du premier coup, le mot même n'aurait plus de sens.

Le drone tel que nous le connaissons aujourd'hui n'en est pas à sa version definitive.

Un athlète de haut niveau et qui coiffe le sommet du podium avec son record mondial ou olympique se verra vite détrôné s' il est victime de son propre paradigme. Cet état où la personne est victime de la suffisance, de la vanité et de la maladie dite "de suprématie ".

Nous apprenons quand nos schémas mentaux sont assez lucides pour nous rappeler notre essence: la perfectibilite.

L'apprentissage par l'action (APC) est tout le contraire de ce qu'offre "l'école des ténèbres" telle que proposée habituellement.

Dans "Liberez votre cerveau " Idriss Aberkane affrimait:

Le système scolaire est mal fait. La vie notée est à la vraie vie ce que le cheval de bois est au vrai cheval.

Vous pouvez avoir échoué à une multitude d'examens sur cheval de bois et exceller sur un vrai cheval par la suite laissant loin derrière vous les premiers de la classe.

Cependant dans la société celui qui excelle sur un cheval véritable sans être passé par le cheval de bois on le traite d'imposteur ou d'arriviste. Si votre vie entière repose sur un cheval de bois il vous sera plus facile d'affirmer que le cheval véritable n'est qu'une légende.

Je ne raconterais pas ici les mêmes temoignages, mais je vous affirme, tel que le disait Leonardo Da Vinci " Je suis disciple de l'expérience ".

Dans ma plus tendre enfance, j'ai appris à monter à dos d'âne en regardant faire mes pairs. J'ai d'abord commencé à monter à vélo en m'asseyant sur le porte-bagage de ce vélo sorti droit des années clinquante appartenant à mon oncle. J'ecartais mes jambes en prévision de tout imprevu. Quand j'ai senti que je pouvais monter sur la selle, j'y suis allé en douceur tout en capitalisant l'expérience acquise. Une légère pente du jardin de la villa que mon oncle gardait pendant l'absence de ses propriétaires qui vaquaient à leurs occupations principales dans la métropole .

L'assurance relative advenue, vint le moment de mettre les pieds sur les pedales.La courbe d'apprentissage s' acquière au rythme de la confiance que l'on se fait à ses comportements. Le manuel de procédure et le mode opératoire ne s' éditent pas de haut en bas. C'est l'expérimentation et le feedback qui permettent la generalisation des regles de conduite qui permettent à leur tour d'optimiser les gestes et les procedures.

C'est encore prématuré pour l'apprenant de faire le tour complet en appuyant sur la pédale droite puis gauche. La machine n'est pas encore huilée dans mon cerveau et la synchronisation n'en est qu'à ses débuts. J'appuie d'un crin d'un pied et je contre-appuie de l'autre. Celà faisait avancer l'appareil un tant soit peu sans me mettre en danger.

Quelques coups de mise en situation avec des retours encourageants donnent des ailes.

Je me mis peu à peu à l'oeuvre et l'apprivoisement de la machine s' installe.

Quelques exercices plus tard et .. affaire classée : la monture est domptée .Désormais , le jeune homme monte sur la bicyclette comme un grand.

Un autre apprentissage sur le tas est celui de la natation. Les enfants de mon âge piquaient la tête dans la rivière qui longe mon village. Aucune raison ne justifie que je ne fasse autant. A 5 ans, on courrait comme des lapins ensemble, on grimpait du haut des rochers d'une hauteur allant parfois jusqu'à cinq mètres.

Le défi que les aînés tenaient aux enfants de mon âge poussaient les plus audacieux d'entre nous à s' aventurer et généralement ils y arrivaient.

La nage ,comme les aînés, ne pouvait échapper à cette résolution ferme de prouver que l'âge n'est pas un handicap. Là aussi, c'est le défit et la volonté d'accéder à la cour des grands qui nous animaient.

La nature est une encyclopédie ouverte. Et il n'y a pas mieux que les grenouilles pour servir de modèle :; les tortues nagent également, peut être pas aussi bien que les grenouilles, mais elles émergent, repiquent et parfois marchent au fonds de l'eau.

Quelques encouragements par ci, des démonstrations par là et la mayonnaise prend.

Nous nous tenons, comme pour le vélo plus tard, sur nos bras, doigts écartés et bien fermes à même le sol, les jambes bien tendues et légèrement levées.

Et le balet commence.: Nous battions des pieds et avancions des mains.

De temps en temps,nous decrochions les mains du sol pour faire un peu de brasse. Une à deux tentatives et puis retour à la case départ. Une gorgée et puis rebelote.

Cette gorgée d'eau qui vous serre la gorge à tousser éperdument est une expérience necessaire et un passage obligé synonyme d'avancement dans le projet.

Vous l'accueillez avec joie car vous savez pertinemment que vœu êtes sur les pas de vos predecesseurs

Le mentorat au lieu de l'APC (apprentissage par cœur)

Aucune relation au monde ne peut réussir si les deux parties n'y trouvent pas leur compte.Une relation de partenariat ou les deux personnes contractantes voient leurs objectifs se concrétiser petits à petit et de mieux en mieux à mesure que le partenariat avance, est la meilleure garantie de sa pérennité.

Dans le monde des affaires, les pratiques managériales se présentent sous plusieurs formes. Elles different d'une position concurrentielle à une autre, d'un positionnement à un autre, mais convergent vers un même objectif:celui de la compétitivité.

Aujourd'hui, les petits n'ont d'autres choix que de se regrouper ou de disparaître.

Le réseautage fait l'affaire des startups et le franchasing occupe l'esprit des entrepreneurs avertis.

Dans ce dernier mode , la relation est bien fournie: la marque dictés loi et le franchisé s' aligne sur le cahier charge afin d'espérer survivre.

L'accompagnement incombe à l'expert, le mentor.

En matière de négoce, c'est la société -mère, le franchiseur ou le donneur d'ordre....

Dans un registre plus vaste, c'est toujours une relation de coaching ou de tutorat entre une entité "experte" et une autre en besoin d'accompagnement.

Notre école souhaitée est celle où l'apprenant choisit son mentor.

S' il est difficile pour un enfant de bas âge de le faire, une instance majeure et "vaccinée" le ferait pour lui (staff technico-pédagogique et parents).

Imaginons un instant qu'une cellule d'écoute et de concertation (C.E.C) se réunisse sur demande de l'élève ou sur rendez-vous arrangé . D'une main experte mais invisible, elle met à d'imposition de l'intéressé, pris dans son unicité et son univers, toutes les conditions d'expression libre et spontanée. La C.E.C prend note avec empathie, écoute active et surtout écouté réceptive ..

Nous pratiquons l'écoute réceptive quand nous sommes devenus experts de la communication interpersonnelle, avec une courbe d'expérience en accompagnement, coaching, mentoring ou tutorat. (Cf- " Le coaching dans tous ses états "- Ahmad HERRAR).

Dans ce petit essai, j'ai mis l'éclairage, avec plus ou moins de réussite, sur les différents types de coaching, de coaches, et surtout la nuance entre "ce qu'est" et "ce que n'est pas" le coaching.

Un chapitre y est réservé à la place de choix qu'occupe l'écoute réceptive dans la démarche du coach.

Pourquoi est ce que l'APC (l'apprentisage par coeur) est utile mais pas suffisant?

L'apc est un processus d'acquisition de l'information et non de la connaissance. L'information est consommée sur place, c'est-à-dire en son temps.

La connaissance est une information traitée :des milliers d'informations sont ingurgitées par notre cerveau au cours d'une séance (des mots , des gestes, des attitudes, des postures,des comportements, la visite inopinée du proviseur, le grincement de la porte, un papillon qui atterrit sur les voiles de la fenêtre de la salle....).

Toutes ces informations sont stockées dans notre inconscient qui, au demeurant, est plus large et plus hospitalier.

La "réminiscence mentale" permet, selon Platon, de restituer des souvenirs latents enfouis.

Quand nous pratiquons la restitution, nous déclanchons ce processus de transformation de l'information en connaissance. C'est donc un effort volontaire et motivé qui émane de nous .

Une récitation, quand elle est faite uniquement pour échapper à la sanction d'une évaluation normative (la note par exemple...) ne vivra pas assez.

Dans l'exercice de ma profession de professeur, il n'est pas rare que je ponctue mes séances de longues séquences de nage à contre courant. Persuadé que la pédagogie conventionnelle est un pur fiascô que seul l'imperatif ìd'allegement de coûts justifie , j'essayait d'expliquer à la majorité des étudiants que ce qu'ils percevaient comme meilleure pédagogie d'apprentissage est biaisée. Les poches de résistance étaient énormes. D'ailleurs, ne dit-on pas que la "révolution "passe par trois etapes: redicule-dangereuse- évidente. (cf- -Driss Aberkane dans " Libererz votre cerveau").

Les participants actifs, qui parait-il, ont déjà été initiés ou à la recherche active d'une expérience d'apprentissage différente adhèrent facilement à la méthode et vont même jusqu'à essayer d'en convaincre les réfractaires.

Souvent, c'est au temps de donner raison dans cette jungle de conformité aux normes du préétabli.

Même les plus réticents finissent par se rendre à l' évidence : la vie fait bien les choses et la réalité est le meilleur allié de l'extraordinaire. L'extraordinaire,c'est cette lumière que seuls les "visionnaires ressentent.

Un adage des plus communs au moyen orient dit dans ce qu'il est convenu de traduire ainsi: "Mets-toi au milieu des autres et cries au trancheur de têtes ". Mortalité, malheur est allégé quand tout le monde en est touché.

Drôle de pensée, quand je demandais à mes stagiaires des plus recalcitrants ce qui les empêchait d'adhérer à cette démarche "révolutionnaire " dans leur appréciation mais des plus normales pour l'équipe acquise, ils expliquaient à l'unisson : " Nous sommes conditionnés à apprendre tel que nous le faisons depuis le primaire".

Il m'arrivait d'avoir à gérer des altérations et des conflits occasionnés par la divergence de perception de la pratique pédagogique.

Dans "Désolé prof!", une oeuvre à travers laquelle j'ai voulu rendre hommage au professeur pour son rôle dans la société, il est des passages où j'ai essayé de décortiquer la topologie des professeurs ainsi que l'apport de l'école "choisie" aux pays ayant opté pour l'economie de la connaissance.

Ces pays, Singapour en prime, sont les pionniers d'un système éducatif où le principal intéressé est acteur de sa propre formation. La méthode Singapour fait des envieux mais ne peut être implimantee clé en main.

L'enseignement est tout un état d'esprit.Les valeurs sociétales y sont d'une importance capitale et le système de gouvernance qui prévaut est très déterminant dans le déclenchement de tout le processus. La volonté politique n'est pas en reste.

Nous peinons à nous lancer mais ,par choix ou poussés à la porte ne le ferons bien un jour. Qui sait, notre génération pourra y assister et dire: enfin nous y voilà!

En management stratégique, on nous apprend ce que c'est que le poids du choix et du subi. Nous y reviendrons plus en avant, mais mlaissez-moi l'immense plaisir d'en rappeler l'essentiel: Dans une économie en mutation, une organisation se trouve d'emblée en veille stratégique (à travers la détention d'un SFD (saoirfaire differentiateur) qui lui permet de détenir une position concurrentielle ou,au contraire en train de subir (dans la défensive) car n'ayant pas une veille technologique .

La "technologie de l'education" est faite par les GAFAM (cf. Ci haut) et les pays innovants. Cette technologie, à l'instar de toutes les technologies, finit par devenir accessible moyennant des droits d'entrée.

Dans un domaine d'activités stratégique tel que l'enseignement où le produit final est une consommation intermédiaire pour le développement inclusif de toute une nation, il est important de bien "mixer" les variables: le procédé, le processus, les composants et les facteurs de production.

Mode opératoire (procédé)	Processus d fabrication
Structure et nomenclature (composants)	Inducteurs (facteursde production)

La technologie de l'éducation ne peut être manufacturière à l'ère du digital et de la haute technologie du numérique.

Nous ne sommes plus à l'heure du charbon et il nous tarde d'intégrer les attentes de l'ecolier de demain. Depuis l'avènement de la generation "Y", les pays qui l'ont compris, ont aligné leurs systèmes éducatifs sur les impératifs de l'instantané. À l'heure où des navettes foudroient le temp pour relier des continents en un laps de temps déroutant (le SC Maglev –Japon :603km/h), nous continuons à dispenser des cours magistraux au rythme des trains de charbon.

L'IE (l'intelligence artificielle) a expérimenté la téléportation il y a de cela plus d'une décennie. La mecanique quantique interpelle , par la vulgarisation scientifique , le cerveau des communs des mortels. Les six sources d'energie (cf Joe Dispensa) est un appel à la cohésion entre le coeur et le cerveau qui permet d'optimiser l'énergie positive. Le sixième centre d'energie qui se situe au-delà du crâne et qui permettrait selon le docteur J.Dispensa au temps de dompter l'espace.

Le jeu au coeur de l'action d'apprendre.

Nous sommes quasiment tous d'accord que nos enfants sont plus accros à leurs manettes de jeu qu'ils ne le sont à leurs cours.

Plus d'une fois et quasiment dans tous les groupes et sections que j'ai eu à prendre en charge dans mon parcours d'enseignant, je constate que les garçons restituent à volonté la carrière des joueurs de foot et les scores des matches ainsi que les détails des substitutions opérées par les entraîneurs. Les filles, de leur côté, peuvent vous fredonner les chansons de leurs idoles, décrire avec l'infime précision les costumes des acteurs et actrices , leurs accessoires, les actes et les séquences, voire même les scripts .

J'ai cette faiblesse de vouloir tout comprendre et cette équation ne pouvait me laisser indifférent. Avec plus de trente ans d'experience à mon actif, je ne lésine pas sur les moyens pédagogiques et tactiques pour leur poser la question: "Sans vouloir vous mettre mal à l'aise, je voudrais quand même comprendre une chose: pourquoi est ce les jeunes apprennent par coeur les paroles des chansons, les

CV des joueurs , les passages de films et pas leurs cours?!"

La passion est le dénominateur commun de toutes les réponses même si les mots changent.

La nature de la relation qui lie le professeur à ses élèves influence la communication interpersonnelle entre eux. Un climat de confiance où les "interdits conventionnels" sont abolis laisse libre court à l'expression .

Quand les élèves acceptent le statut du professeur et vont jusqu'à l'intégrer au groupe, la loi martiale du "chef à toujours raison" s' éclipse et laisse le terrain à une collectivité du vivre ensembles.

Quand le professeur est adulé pour ce qu'il est (sa personne) et non ce qu'il a (Le statut, l'évaluation,la sanction....) la partie est entre de bonnes mains. La partition est jouée sans réserves et tout le monde s'y sont contributeur car épanoui.

"Monsieur, vous , vous êtes des nôtres! Nous allons tout vous dire sans peur d'être attaqués ".

Cette phrase est à la fois une source d'enorgueillement et d'amertume. Un professeur qui reçoit ces éloges de la part de ses élèves a réussi son examen. Mieux encore, il a obtenu son permis d'exercer qui est meilleur que le diplôme. Inspirer confiance est l'aboutissement d'un mix de communication pédagogique. Ce dosage réussi entre la compétence technologique et les soft skills (l'aspect comportemental). La compétence technologique qui englobe la technique, l'expérience et le savoir-faire pédagogique consolide l'aptitude d'accompagnement où l'art d'écouter les doléances, de les transporter vers un état d'attentes et donc d'y apporter des reponses est un facteur de différenciation.

Inutile de rappeler qu'un professeur ne peut être considéré au singulier: nous devenons prof quand nous apprenons de nos élèves , c'est à dire quand nous les écoutons attentivement pour éviter de leur infliger des programmes " sandwichs ". (cf - Désolé prof! Ahmad HERRAR auto -édition).

"Nous sommes ici par ce qu'il le fallait et non parce que nous avons choisi d'y être. Nous sommes ici par ce que la société nous y a obligés. Nous devons décrocher un diplôme pour accéder à la vie active.C'est ainsi et non autrement".

Dans mon livre mentionné ci-haut (Désolé prof!), j'ai évoqué ce que j'ai appelé la" religion du diplôme ". Une religion où la quête d'un titre est un accomplissement de soi éphémère. Tout le monde ne jure plus que par les diplômes alors que le salut est ailleurs. Beaucoup de mes lauréats reviennent vers moi pour me faire part de leur mésaventure professionnelle. " Vous savez monsieur, nous avons un grand respect pour vous. Nous ne nous rendons compte de ce que vous faites pour nous qu'une fois sur le terrain. Vous êtes un émissaire car tout ce que vous disiez et faisiez , nous ne le réalisons pas en ce temps. Aveuglés par le préétabli, nous ne pouvions rien voir. Mais une fois confrontés à l'amère réalité, nous réalisons combien nous étions induis à erreur".

"Nos diplômes "standardisés " n'ont de valeur que le titre et celles et ceux qui arrivent à se caser sont celles et ceux qui ont travaillé leurs attitudes, leurs réflexes tel que vous nous avez toujours suggéré."

" Nous sommes victimes d'un système où l'orientation scolaire est cramponée sur elle-même , sur ses grilles devenues obsolètes! "

Lors des journées "portes ouvertes d'orientation", les stands ressemblent plus à des salons où les écoles étalent leurs produits qu'à des cellules d'écoute actif et d'orientation. Les exposants exercent des jeux de séduction affûtée pour une réinscription hâtive et forcée qu'autre chose. Le carnet de commandes et les objectifs de la campagne mercatique priment sur votre avenir."

"Des arguments du genre : double diplomation , formation certifiée, possibilité de stage à l'étranger..." sont plus des appâts accrochés aux hameçons de closing de vente que des réponses à l'arsenal de questions qui ont motivé votre déplacement ".

Autant de réponses qui en disent long sur le désert médiatique que traversent ces laissés pour compte. Un vide artistique qui fait que le peu de connaissance qu'ils retiennent de leur parcours suffit à peine à leur rappeler leur échec.

De ma vie de prof, je peux affirmer au grand damne de notre système éducatif que si l'on prenait le courage de proposer le même parcours d'un cycle de formation à trois reprises en modifiant légèrement le intitulés des modules, les lauréats trouverons instructif d'intégrer les mêmes programmes avec cette fois-ci une posture de "transe d'apprentissage" car soulagés de n'être plus ici pour obtenir le diplôme déjà en poche.

Dans une expérience que j'ai appelée "le diplôme en poche, place maintenant à la formation", j'ai pu tiré les enseignements suivants auprès d'un panel de lauréats :

- Une formation ciblée et choisie, même payante , est meilleure qu'un cycle gratuit car subventionné;
- Quand la formation est contractuelle entre l'operateur de formation et l'entite demandeuse, l'impact au terme de l'action est positif;
- Les formations orientées emploi permettent d'optimiser la performance de la partie apprenants et créé un climat de confiance et de fidélisation;
- Le contexte de formation conditionne l'atteinte des objectifs de formation.

Dans mon petit livre :" Mon métier, ma passion", j'ai analysé la dichotomie passion-pression dans l'exercice d'une fonction.Ce qui est vrai pour lecadre du travail l'est pour celui de l'apprentissage.

Des témoignage recueillis, qui d'ailleurs sont loin d'etre exhaustifs , nous ne pouvons que nous rendre à la meilleure des convictions (l'evidence) que la passion est le vecteur d'apprentissage par excellence. Quand le coeur y est tout devient aplati et facile.

Nous rappelons que les jeux, la musique, le théâtre, le sport ne sont plus que de l'art. C'est une industrie à grande échelle où des bureaux de recherche et développement, des acteurs de conception et de créativité, des intervenants d'ordonnancement et de méthodes ,frôlent l'excellence.

Le produit fini est présenté à l'utilisateur sous sa forme optimale; ce qui explique l'engouement de l'utilisateur. L'image voulue au produit final par l'offreur s'ligne sur celle perçue par l'tulisateur (consommateur) qui s'identifie au produit.

L'utilisateur est activement mis à contribution tout à long de la conception, de la fabrication et de la mise sur rayons.

Des retours sont instantanément pris en compte pour offrir la meilleure version possible de l'offre.

Ce qui est loin d'être le cas de notre école qui se limite à la reproduction du modèle ancien sans se connecter aux attentes du principale intéressé.

Une école choisie et non subie

L'eau coule de la source vers les ruisseaux. L'oiseau vole dans le ciel avant de piquer sur le sol à la recherche de la nourriture. Le saumon brave les chutes pour remonter à la source avec l'instinct de donner vie.

"Un ventre creux n'a pas d'oreilles ", nous apprend un vieux adage latin attribué à Caton.

La nature fait les choses dans l'ordre et sans brusquer. Quand un homme a faim, il agit dans le sens de subvenir d'abord à son besoin de manger. Même le danger de se faire attaquer par un prédateur dans une jungle ne peut l'arrêter. Un homme rassasié peut se permettre de chanter, danser, dormir,vaquer...

Hou sommes par essence à la quête du plaisir et du bonheur. Nul ne peut choisir le chemin du chagrin. Nous avons tous tendance à partir à la chasse du bien être et à chasser, quand nous savons nous y prendre, le malheur.

Cette altitude vis à vis de l'environnement, c'est une culture millénaire intergénérationnelle qui nous y a conduit. C'est dans nos gènes dira-t-on, que nous avons hérités de père en fils et nous nous y sommes accrochés. C'est plus que des habitudes, c'est devenu notre nature .

En instituant l'école classique, l'homme avait voulu produire des "sous-hommes" outils de travail pour le servir.D'ailleurs, ne lit-on pas dans les objectifs de chaque progression d'apprentissage attendu : Au terme de cette séquence, l'étudiant doit et capable de...?

Être capable de répondre à un objectif que l'on lui fixe et non qu'il se fixe. Voilà au moins une chose des plus claires. Ceux qui ont créé l'école ont tout pensé pour l'élève. Note école est de ce fait une institution qui a considéré que l'élève est une pâte à modeler à l'état brut dont l'infirmité ne pouvait laisser aucune chance à la décision.

Dans Notre vie d'écoliers, com vie de fois nous étions astreints à apprendre par coeur des passages dont le sens n'a aucun sens et pourtant les recitions à en vomir.

Des équations mathématiques traumatisantes qu'aucune pratique ne justifiait (les primitives, les intégrales, les cosinus et les logarithmes. ....).

Plus tard, quand vous décidez d'intégrer un cycle supérieur en finances, par exemple, des matières s' invitent à votre table sans être priées. Les probabilités et la recherche opérationnelle sont certes de bonnes pratiques de la gymnastique cérébrale ,mais le lien n'est pas évident avec les équilibres financiers et le calcul des indicateurs du choix d'investissement.

Nous nous interrogeons sur les vrais soubassements des compartiments d'un cursus de formation donnée et sur les liens de nomenclature de leurs composants.

Si les niveaux (N-1) sont plus ou moins endogènes, les composants de niveaux élémentaires laissent des fois des doutes sur la qualité des charges de projetprojetsetde l'ingénierie de formation.

Le constat est amère lorsque des instances d'audit et de controles brillent parleur absence surtout auprès des opérateurs formation du secteur privé.

Il arrive que de progressions de programmes aient la même connotation pour des niveaux d'études superposés. Un contenu pédagogique destiné au cycle de master par exemple qui se trouve être le même que pour un niveau technicien ouvert à une population n'ayant même pas les"prérequis" nécessaires à l'accès aux universités.

Nous sommes ainsi devant un cas d'école polytechnique où nos ingénieurs de l'architecture pédagogique doivent se surpasser pour démêler le fil: cette ressemblance entre les programmes qui défie les lois de la pesanteur est-elle voulue par nos instances gouvernantes qui coiffent la chose pédagogique ou est ce une négligence involontaire?

Quelqu'en soient les causes, nonchalance administrative ou insouciance préméditée, Nous ne pouvons que nous agenouiller devant l'ingéniosité du geste . Tout semble ne pas interpeller les principaux intéressés qui semblent ne soucier que de leurs "diplôme en poche".

Le constat est flagrant quand l'heure est venue de faire le bilan. La loi du marché fait que les curriculum vitae présentent la même physionomie, les mêmes habiletés et les mêmes compétences. Le seul loin de discernement est le titre obtenu.

Finalement, toute chose étant égale ailleurs , ne serait-on pas tenté, entant que recruteur potentiel, de pencher vers le moins disant (Le diplôme le moins gradé)?

Dans le marché du travail, comme d'ailleurs tous les marchés concurrentiels, la compétitivité s' obtient par feu leviers:

L'effet de différenciation : L'avantage concurrentiel exclusif (ACE) grâce à savoir faire differentiateur détenu par l'organisation et qu' lui procure une position concurrentielle avantageuse;

L'effet cout/volume: Les économie d'échelles permettent à l'organisation de compresser ses coûts de revient en produisant à grande échelle.

Ce qui est vrai pour l'entreprise l'est pour le candidat averti. Dans la pratique de mon métier de formateur, j'ai souvent demandé à mes stagiaires de me fournir leurs budgets de formation ou du moins une estimation des coûts de leur cycle de formation.

Sur un contingent de trente élément par section, deux à trou personnes se disent avoir essayé San San arriver. Les autres ne s' en soucient même pas. (Rappelons que l'âge moyen des participants est de vingt deux ans).

La majorités frais de scolarité de mes clients est prise en charge par les parents qui continuent à grignoter sur d'autres rubriques du budget familial.

Un ami m'a fait la confidence d'avoir déboursé plus de 28000€ pour les études à l'étranger de son enfant aîné revenu bredouille.

Ce qui semble parfois incompréhensible, c'est que la majorité des lauréats d'un cycle de formation professionnelle sensé suffir à les insérer, préfèrent intégrer un cycle de licence universitaire dite "professionnelle" payant (environs 2000€ hors frais de déplacement ou de sejour) où les candidats étudient, pour une seconde fois, les mêmes matières que lors du cycle de base.La religion du diplôme est un effet placebo qui fonctionne à merveille: plus le titre est élevé, plus la paie l'est.

Vous avez certainement,lors de votre carriere, remarqué qu'un lauréat d'une école prestigieuse n'est pas forcément plus créateur de richesse dans une organisation que le diplôme à cloué à un poste de subalterne.

Mais la machine est ainsi faite et l'engrenage n'est pas facile à démanteler. Quand l'entente net le système éducatif et le principal intéressé est établie, le changement changement la donne ne peurs faire lle lendemain.

Note système éducatif sombre et il ne s' en rend pas compte. "Tant qu' ça marché, c'est une voiture ". Qu'importe si la tolle est rouillée, que les pneus sont usés, que les amortisseurs sont grippés, que le portières sont décalées.

La refonte n'est pas pour demain et tous les programmes convergent vers des petites modifications opérationnelles dans le respect de continuité préétabli :l'intouchable.

Aucune réforme n'oserait toucher à cette pierre de fond qui constitue le point d'avalanches.

L'édifice ne peut être démoli pour être rebâti car cela ne peut être "politiquement correct".

Réformer n'est pas innover, peut-être bien simplement rénover. Il est des objets dont la valeur sentimentale justifie la rénovation. La nostalgie des années de gloire de l'enseignement pousse des écoles de pensée pédagogique a vouloir retourner à l'ecole orthodoxe où le maitre,seul détenteur ` de la connaissance décide, sous les directives de l'inspecteur, de l'état d'avancement et de la vitesse à laquelle il distribue'information telle une estuaire.

Nous savons par expérience que chacun de nous a son propre rythme d'assimilation et que la prédisposition à apprendre n'est pas identique à tous.

Quelle école pour demain qui pour les pionniers est déjà aujourd'hui?

Ecole fruit de la neurosagesse.

Trouver un équilibre entre l'avancée technologique et la sagesse permettrait, selon Idriss Aberkane (La solution à l'infobésite ,c'est l'oubli - dans " Traité de neurosagesse pour changer l'école et la société -Liberez votre cerveau",), à l'homme de s'épanouir.

Autrement dit, la neurosagesse serait un mix de la technologie utile et de la pensée où l'humain n'est pas considéré comme inférieur.

Certaines technologies innovantes ne sont pas sans effets dévastateurs pour nos enfants. Nous assistons de nos jours à des mouvements qui décrient et militent pour la protection contre les jeux insidieux à l'encontre de notre progéniture.

Des programmes malveillants et insoupçonnés vont parfois jusqu'à mettre en périple la santé mentale de nos enfants.

[Richard Davidson, neuroscientifique à l'University of Wisconsin Madison, et fondateur du Center for Healthy Minds se dit particulièrement inquiet de l'augmentation de la « distractibilité », ce « déficit d'attention à l'échelle nationale dont nous souffrons tous », et de ses conséquences. Le neuroscientifique souligne que la capacité à réguler notre attention, qui nous distingue des autres espèces, est de plus en plus altérée.

« Nous sommes tous les cobayes d'une grande expérience scientifique à laquelle personne n'a donné son consentement explicite »

Ainsi, « nous sommes tous les cobayes d'une grande expérience scientifique dans laquelle nous sommes manipulés par des stimuli numériques, mais à laquelle personne n'a donné son consentement explicite », lance-t-il. « C'est en train de se passer de façon insidieuse, discrètement ».]

A ses yeux, il y a « urgence à entraîner nos esprits à la méditation pour que nous n'ayons pas à checker nos téléphones 80 fois par jour ». D'autres, comme la start-up normande Open Mind Innovation que nous avions rencontrée , souhaitent s'inspirer de méthodes comme la méditation mais aussi « développer des neuro-thérapies digitales » pour « traiter l'impact catastrophique des technologies sur notre attention ».

(https://usbeketrica.com/fr/article/effets-de-la-technologie-sur-notre-cerveau-la-grande-inconnue).

L'addition bat son plein et il est quasiment impossible de se soustraire à cet envoûtement.

Tout le monde est unanime sur le fait que ce n'est pas aux GAFAM de nous sevrer. Bien au contraire, ils ne peuvent qu'enfoncer le clou d'autant plus que cela fait leur eldorado.

La technologie est une arme à double tranchant.On ne peut plus imaginer note société hors connexion. Le digital s' est bien greffé dans le quotidien de l'homme du 21ème siècle. Les réseaux sont portés dans les quatre coins du monde et des solutions de connectivité sont proposées avec des modulations répondant aux exigences de la géologie de toutes les contrées.

Les bureaux de recherches et développement des startups s'ingénuent de créativité et d'imagination pour conquérir et fidéliser des prospects par des stratagèmes mercatiques bien rodés. Quand l'électrification peine à atteindre des villages perchés au milieu de nulle part,des formules adaptées au marché support de substiturion sont mises au point pour créer le besoin de naviguer et de "surfer".

Nous rappelons que des technologies permettent aujourd'hui d'irriguer "intelligemment " des plantes dans des zones inaccessibles via des drones équipés pour extrapoler et activer des processus selon le besoin en apport hydrique.

Des puces sont administrées au bétail pour lui commander de rentrer le soir.

MIeuX encore, l'intelligence artificielle a permis de creer " l'homme augmenté ".

Une petite recherche sur google vous permettra de constater que le casque est ce qu'il t'a plus cher dans un avion de chasse de dernière génération (Plus de 300000 dollars).

C'est dire que la technologie avance à une vitesse vertigineuse tandis que nous continuons à écrire avant d'effacer un paragraphe sur un tableau noir sans parfois avoir le temps de consacrer le temps à l'écoute.

Le défi d'amadouer la technologie et de l'humaniser ne saurait être du ressort de ceux qui l'a font, c'est à dire les entrepreneurs. La déontologie du métier n'est pas pour demain. Seule une volonté politique de bonne gouvernance adossée à un projet sociétal de protection intergénérationnelle pourrait cadrer et canaliser la connaissance et l'innovation.

Singapour, pour ne citer que celui-ci, a sonné le glas d'une belle aventure de gouvernance éducative inclusive.

Une education est dite inclusive quand elle s' inscrit dans une démarche volontariste de construction ayant des effets bénéfiques sur le projet de toute la nation. Toutes les composantes de la société (instances politiques, instances sociales, acteurs économiques et citoyens) fédèrent sur le même objectif. Celui d'investir dans la principale richesse:la connaissance.

Dans les années soixante-dix du siècle dernier, nous avons appris à communiquer dans des langues étrangères en regardant des émissions et des films sous titrés beaucoup plus qu'en apprenant sur les bancs de l'école auprès de professeurs de langues. Cela n'ôte rien aux efforts et à l'abnégation de ceux-ci mais la vérité est que les élèves qui n'ont pas eu accès à la technologie de l'époque ne pouvaient que rarement parler couramment dans une langue étrangère.

Nous avons l'impression que les scenaristes maîtrisent mieux la pédagogie d'apprentissage que les instances chargées des programmes et manuels scolaires.

L'industrie de l'audiovisuel avait une longueur d'ondes sur la manufacture pédagogique restée esclave du préétabli. L'écart etait ,certes, creusé mais le fossé n'était pas aussi énorme. L'école était devancée mais à peine d'une petite distance.

Le marché a évolué parce que l'offre s' est envolée depuis la fin du vingtième siècle et les acteurs du marché (tant du côté de la demande que de l'offre) se sont mis sur orbite. Les uns devenant de plus en plus exigeants (mouvement du consumérisme) et les autres plus agressifs (marketing relationnel...).

Notre système éducatif, quant à lui, a séché ses cours: il a su briller par son absence à l'appel de la révolution numérique et digitale de l'économie planétaire.

La stase est d'autant plus flagrante dans les régimes conservateurs qui se sont bien installés dans leurs zones de confort trop rigides pour suivre.

Une des meilleures anecdotes du siecle dernier est l'arrivée du "Bug 2000"; tous les pays dotés de systemes d'exploitaion binaires ont paniqué à l'idée de voir leurs architectures logarithmiques flancher tandis que les pays déportés de la technologie numérique s' en frottaient les mains se targuent d' être bénis par le ciel pour avoir été épargnés de ce "bug bang" universel.

Ce qui a fait dire à un représentant du gouvernement d'un pays du sud de la méditerranée de l'époque " Dieu soit loué, pour notre pays l'impact est très éphémère! ".

Il n'est pas de facteur clé de succès plus déterminant que le cadre de référence de l'état major d'une organisation. Le "mindset" est très important dans tout projet de restructurations.

Arthur Schopenhauer a dit

"toute révolution passe toujours par trois étapes : ridicule , dangereux , évident . Prenez le droit de vote des femmes. C'était une révolution d'abord jugée ridicule , ensuite dangereuse car des suffragettes y ont perdu leur vie, et puis cette révolution est devenue évidente aujourd'hui."

Nombreux aujourd'hui sont celles et ceux qui pensent qu'un changement radical est impossible.

Notons que des régimes politiques millénaires ont cédé au bout du compte à l'oeuvre du temps et surtout à la volonté du peuple.Il suffira que les conditions préalables au changement soient réunies pour qu' s' écroulé l'édifice. La construction des megastructures traverse des décennies, voire parfois des générations, avant qu'elles soient livrées. La construction d'un système est une megastructure dont l'échafaudage ne saurait précéder la déconstruction de l'ancienne bâtisse .

Celles et ceux qui ne croient pas en la nécessité de "penser autrement notre école " refusent de s'éloigner de l'arbre qui cache la forêt.

Notre système éducatif s' est essoufflé et c'est toute l'économie qui le dit.

Quand l'entreprise va mal, ce ne serait pas à cause de ses produits mais bel et bien de son management . C'est dire que le facteur humain est le seul vrai facteur clé de succès. Et quand le facteur humain, dans toutes ses obédiences, boîte tout s' emboîte.

Le facteur humain n'est-il pas justement le produit, principalement, de "l'usine pédagogique "?!

Dans "Désolé prof!", mon essai sur l'équation professorale paru en auto édition, j'a évoqué la notion de la chaîne de production pédagogique dans une approche systémique où tout devrait être compartimenté dans une dynamique d'effet de synergie .Chaque niveau scolaire opérant comme un atelier dans un processus de fabrication avec des outputs répondant aux normes de qualité requise pour servir d'inputs à l'atelier suivant jusqu'à la mise sur marché.

La loi du marché est sévère mais objective:on ne peut être compétitif avec des retours sur ventes dépassant les trente pour cent du volume.

Le marché du travail n'est pas saturé mais peut-être bien rassasié!

Rassasié de devoir revisiter ses compagnes de recrutement à chaque fois pour insuffisance de profiles éjectés par nos écoles.

Les administrations publiques et territoriales ne sont pas bien servies non plus. Nous assistons à une désertification de compétences malgré la mise sur marché de produits (lauréats) se voulant connectés aux besoins du recruteur: les cursus offerts se positionnent certes sur les profils recherchés é haute opportunité d'insertion en puisant dans les référentiels des métiers et des competences lorsqu'ils sont mis à jour, mais butent sur la sacro-sainte expéditive conception de programmes à même d' apporter une valeur ajoutée .

Les métiers qui cartonnent aujourd'hui sont ceux, par exemple en France , d'agents de nettoyage (113900 personnes en 2021), les aides-soignants (85700), les aides à domicile é aides ménagères (83100).[cf.www. pole-emploi.fr].

Dans le "Top 10 des métiers les plus recherchés en 2021 !", à l'occasion de la sortie de l'enquête BMO (Besoins en main d'œuvre), sur le top 10 des métiers qui recrutent le plus en 2021 , il n'est pas sans préciser que les diplômes "poids lourds "n'en font pas partie.

Tous les métiers occupant le podium ont un dénominateur commun:la reconversion.

Des programmes sont proposés pour adapter les profils aux postes et une course contre la montre est lancée ,accentuée en celà par le contexte pandémique du siècle.

Et effectivement, dans une "economie de guerre", les métiers de "prospérité " ne sont pas recherchés .Bien au contraire, la crise économique oblige les entreprise à licencier les moins utiles si ce n'est tout le monde à cause des dépôts de bilans forcés.

Le personnel navigant des compagnies aériennes, les agents d'escale, le personnel d'établissements touristiques, de l'événementiel sont les plus impactés. [www.orientatigroupe.com].

Cette armée mise en quarantaine forcée serait vraisemblablement indemnisée, mais n'aura d'autres choix que d'intégrerun programme ouvrant sur le grand salon de l'emploi à travers une reconversion dans les metiers que le forcing sanitaire irrigue.

La sagesse, c'est cette aptitude à agir dans le bon sens du collectif.Un collectif intra et intergénérationnel.

Nous ne connaissons pas un champs où le bon sens est plus que vital que celui de l'éducation.

Nous savons tous, de fait,qu'un simple geste anodin d'un professeur distrait peut affecter tout un projet estudiantin d'un élève ayant essuyé le forfait infligé lors d'une seance de cours lors des premières classes de primaire.

L'Ecole: un espace de liberté et de convivialité.

Dans nos jeux d'enfants, nous choisissons nos clans et nos équipes dés qu'il s' agit d'un jeu collectif. La nature du jeu est très importante et il arrive que nos préférences soient impactées par la présence de nos ami (e)s:combien de fois nous avons migré au bout milieu d'un match à un autre, d'une discipline sportive à une autre simplement par ce qu'un (e) ami(e) y est.

Nos groupes d'appartenance et de référence restent rarement les mêmes quand nous passons à l'âge d'adolescence.Il arrive cependant d'en garder les meilleurs quand nos parents ont eu la gentillesse de garder le même boulot, la même maison, le même quartier.

Cette fluidité dans la mobilité entre les groupes d'origine et ceux de destination (equation sociologique!) est tres enrichissante pour l'adulte que nous deviendrons.

Note culture est faite d'apprentissages que la société nous permet: le subconscient (ondes teta) permet à l'enfant jusqu'à l'âge de sept ans de se construire en formatant son cerveau en hypnose (transe d'apprentissage) par le biais de l'observation (95%) de l'entourage.

Quand nous, parents, assignons notre enfant à résidence dans notre appartement et qu'à chaque fois qu'il tombe nous lui renvoyons notre ressenti d'angoisse et de peur qu'il se soit fait mal au lieu de l'encourager à se relever comme un grand, nous le programmons involontairemnt pour qu'il devienne l'éternel bébé peureux.

Cette même peur peut s' accentuer quand l'enfant intègre l'école primaire où tous les intervenants ne sont pas sous la même enseigne de la communication non violente.

Tous les adultes n'ont pas eu la même éducation depuis leur jeune âge et malgré les consignes,et parfois même la déontologie du métier, la conduite n'est pas rassurante avec tous les éducateurs.

La communication non violente (CNV)est souhaitée au foyer comme à l'école mais elle n'est pas toujours pratiquée.

J'ai aimé un passage dans une des capsules de David Lefrançois:" ...alors mes chouchous, si vous voulez protéger la race du poisson rouge,ne grognez vos enfants!".

Il traitait du stress professionnel qui s' invite au foyer lorsque le papa rentre à la maison apres une dure journée de travail,grogne son enfant pour une petite bêtise et que la maman déverse sa rage sur le chat qui renverse le bocal en ver.

Un comportement ne peut être le fruit du hasard. Il y a toujours une raison à tout. Un vieux adage explique que " l'eau chaude, n'oublie jamais qu'elle été froide". C'est sûr que le feu est derrière.

La violence dans le milieu scolaire est très inquiétante et elle n'est pas que physique.

Les agressions se multiplient et épousent toutes les formes inimaginables

"La violence à l'école se définit comme tout comportement non désiré , perçu comme étant hostile et nuisible , portant atteinte à l'intégrité physique ou psychique d'une personne, à ses droits ou à sa dignité " (Institut national de santé publique-Quebec).

L'UNESCO définit la violence en milieu scolaire désigne toutes les formes de violence qui se manifestent dans et autour des écoles, qui sont subies par des élèves et perpétrées par d'autres élèves, des enseignants ou d'autres membres du personnel scolaire. La violence en milieu scolaire inclut le harcèlement et le cyber-harcèlement. Le harcèlement est l'une des formes les plus répandues de violence à l'école, et touche un jeune sur trois..

A partir des enquêtes internationales qui collectent des données sur la violence à l'école, l'UNESCO reconnaît les formes suivantes de violence en milieu scolaire :

La violence physique, c'est-à-dire toute forme d'agression physique perpétrée par des pairs, des enseignants ou des membres du personnel scolaire dans l'intention de blesser.

La violence psychologique prenant la forme d'agressions verbales et émotionnelles, ce qui comprend toute forme de mise à l'écart, de rejet, d'insultes, de propagation de rumeurs, de mensonges, d'injures, de moqueries, d'humiliations, de menaces et de châtiments psychologiques.

La violence sexuelle, qui comprend l'intimidation à caractère sexuel, le harcèlement sexuel, les attouchements non désirés, la coercition sexuelle et le viol perpétrés par un enseignant, un membre du personnel scolaire ou un camarade de classe.

Le harcèlement, qui désigne un modèle de comportement plutôt que des incidents isolés, et qui peut être défini comme un comportement intentionnel et agressif se produisant de manière répétée à l'encontre d'une victime. Il peut prendre différentes formes :

le harcèlement physique, y compris les coups de poing, les coups de pied et la destruction de biens ;

le harcèlement psychologique, comme les moqueries, les insultes et les menaces ; ou relationnel, par la diffusion de rumeurs et l'exclusion du groupe ;

le harcèlement sexuel, comme le fait de se moquer d'une victime par des plaisanteries, des commentaires ou des gestes à caractère sexuel, ce qui peut être assimilé à du harcèlement sexuel dans certains pays.

Le cyber-harcèlement est une forme d'intimidation psychologique ou sexuelle qui a lieu en ligne. Il inclut la publication ou l'envoi de messages électroniques, y compris des textes, des photos ou des vidéos, visant à harceler, menacer ou cibler une autre personne par le biais de différents médias sociaux. Le cyberharcèlement consiste notamment à répandre des rumeurs, à diffuser de fausses informations ou des messages blessants, des photos ou des commentaires embarrassants, ou encore à exclure quelqu'un sur les réseaux sociaux ou d'autres moyens de communication. (Www.Unisco.org).

La société angoisse, agresse, harcèle sans s's'en rendre compte "l'homme de demain".

Toute la société s' y est mise volontairement ou involontairement et l'on ne peut que se demander à quoi ressmblerait cet "homme de demain".

Les instances sociales, contrairement à celles politiques, ne legifèrent pas.Mais elles ne peuvent être réduites à de simples entités figuratives.

Ce à quoi nous assistons aujourd'hui appelle plus d'une interrogation :

- La famille, a-t-elle trouvé meilleure occupation quesa progéniture?

- L'école, a-t-elle cessé de jouer son rôle fondamentale qui est celui de l'éducation pour devenir un acteur économique producteur de marchandise "bon marché "?
- La société civile, se reduit-elle simplement à un outil de propagande politicienne au service d'agences d'influence intéressées?
- Les mouvements sociaux, ont-ils trouvé confort dans la seule valeur marchande du 21ème siecle: l'analphabète?
- L'institution supposée supporter l'élève (l'association des parents d'élèves),est-elle toujours d'actualité et si tel est le cas, son rôle n'est-il plus que de ratifier les diktats de l'organisme l'abritant?

Autant de questions qui laissent souvent planer des doutes sur l'hégémonie de la matière sur l'esprit en l'absence de l'âme (cf, "L'âme " de François Cheng-Albin Michel).

Dans l'extrait mis gratuitement à disposition du lecteur, du livre " Œil ouvert et cœur battant", l'auteur a ecrit:" Le mal,nous savons ce qu'il est,tant la vie humaine en est rongée. Il y a le mal causé par les maladies ou les calamités naturelles.Il y a celui que les hommes infligent aux autres hommes. Ce dernier est bien plus terrifiant... Ainsi ce mal radical transforme notre planète unique en un astre noir parmi les astres. Il y a donc là un mystère qui nous hante et nous stupefie."

L'homme est une créature unique. J'ai lu dans "Le petit philosophe de poche "(textes réunis par Gabriel Pomerand),une citation ,entre autres,qui m'a le plus marqué : Dieu a créé l'homme et la terre, l'homme a créé l'arme et la guerre.

L'école est ce qu'il y a d'ingenieux dans la création de l'homme. La première école publique dans le monde semble avoir été créée par Wen Weng en 141 avant J.C. à Chengdu, en Chine. Mais l'ecole a bien été là avant. Il y a école quand il y a un maitre et son apprenti.

L'école, dans sa noblesse, est toute institution qui permet à un maitre de transmettre de la connaissance à ses disciples pour le bien de l'individu et de la collectivité.

Sans vouloir prétendre détenir le savoir, j'ai tendance à croire que "l'école du mal" prolifére malheureusement plus que celle du bien.

Heureusement, que celle-ci ne soit pas institutionnalisée à grande échelle !

L'homme à créé tout ce dont l'homme a besoin ou presque, et parfois même plus qu'il n'en faut. Nous ne sommes plus à l'âge où l'on se nourrissait des glans de chêne .Bientôt, les capsules concentrées servant de provisions aux astronautes seront distribuées à une élite avant d'être mises sur le marché de masse.

Dans les sociétés dites de consommation de masse pendant les années glorieuses, la nourriture abonde tandis que la famine sévit dans les pays démunis.

La nature a appris à L'homme à mieux se connaitre car elle a toujours fait les choses "dans le bon sens". Comme dirait les paysans, elle n'a jamais mis la charrue avant les boeufs.

Depuis que l'école "normalisée " a pris le dessu dans la conscience de l'homme, les choses ont automatiquement chaviré. Son génie lui a ,semble-t-il, montré le chemin . Il a vite compris, dans une précipitation expeditive, que les normes font la vie et donc le diplôme prouve la compétence.

I'homme a su , pendant des siècles, rester humble devant la sagesse d'autres créatures jusqu'à ce qu'il commette l'irréparable : il s' est cru ange!

Un proverbe, tiré là aussi du"petit philosophe de poche", dit: l'homme n'est ni ange ni bête, ce n'est qu'en voulant faire l'ange qu'il fait la bête.

Printed by Books on Demand GmbH, Norderstedt / Germany